BEI GRIN MACHT SICH IHR WISSEN BEZAHLT

- Wir veröffentlichen Ihre Hausarbeit, Bachelor- und Masterarbeit

- Ihr eigenes eBook und Buch - weltweit in allen wichtigen Shops

- Verdienen Sie an jedem Verkauf

Jetzt bei www.GRIN.com hochladen und kostenlos publizieren

Georg Langner

UNASUR. Das politische Großprojekt südmerikanischer Integration

GRIN Verlag

Bibliografische Information der Deutschen Nationalbibliothek:

Die Deutsche Bibliothek verzeichnet diese Publikation in der Deutschen National-
bibliografie; detaillierte bibliografische Daten sind im Internet über http://dnb.d-
nb.de/ abrufbar.

Dieses Werk sowie alle darin enthaltenen einzelnen Beiträge und Abbildungen
sind urheberrechtlich geschützt. Jede Verwertung, die nicht ausdrücklich vom
Urheberrechtsschutz zugelassen ist, bedarf der vorherigen Zustimmung des Verla-
ges. Das gilt insbesondere für Vervielfältigungen, Bearbeitungen, Übersetzungen,
Mikroverfilmungen, Auswertungen durch Datenbanken und für die Einspeicherung
und Verarbeitung in elektronische Systeme. Alle Rechte, auch die des auszugsweisen
Nachdrucks, der fotomechanischen Wiedergabe (einschließlich Mikrokopie) sowie
der Auswertung durch Datenbanken oder ähnliche Einrichtungen, vorbehalten.

Impressum:

Copyright © 2011 GRIN Verlag GmbH
Druck und Bindung: Books on Demand GmbH, Norderstedt Germany
ISBN: 978-3-656-61508-8

Dieses Buch bei GRIN:

http://www.grin.com/de/e-book/270138/unasur-das-politische-grossprojekt-suedme-
rikanischer-integration

GRIN - Your knowledge has value

Der GRIN Verlag publiziert seit 1998 wissenschaftliche Arbeiten von Studenten, Hochschullehrern und anderen Akademikern als eBook und gedrucktes Buch. Die Verlagswebsite www.grin.com ist die ideale Plattform zur Veröffentlichung von Hausarbeiten, Abschlussarbeiten, wissenschaftlichen Aufsätzen, Dissertationen und Fachbüchern.

Besuchen Sie uns im Internet:

http://www.grin.com/

http://www.facebook.com/grincom

http://www.twitter.com/grin_com

Technische Universität Dresden

Begleitstudium „Regionalwissenschaften Lateinamerika"

Blockeminar: Wirtschaft Lateinamerika

Sommersemester 2011

UNASUR

Das politische Großprojekt südamerikanischer Integration

Eingereicht von:

Georg Langner

Lehramtsbezogener Bachelor Allgemeinbildende Schulen

Spanisch und Gemeinschaftskunde/Rechtserziehung/Wirtschaft

Inhaltsverzeichnis

I   Einführung

Als der ehemalige brasilianische Präsident Lula am 23. Mai 2008 die Unterzeichnung des Verfassungsvertrages der neu geschaffenen Unión de Naciones Suramericanas, kurz UNASUR, mit den wegweisenden Worten

> „A partir de hoy es una realidad política, económica y social, con una institucionalidad propia. La UNASUR debe ser construida como parte de nuestros proyectos nacionales de desarollo [...]. ninguno de nuestros países puede, aislado, aspirar a la prosperidad. Más que generosos, tenemos que ser solidarios."

kommentierte, war ein neuer, erstmalig alle Staaten Südamerikas umfassender Prozess regionaler Integration offiziell ins Leben gerufen wurden. Die neu geschaffene Staatengemeinschaft soll die Staaten Südamerikas in eine neue, unabhängige Zukunft führen, in der sie ihren gestiegenen Einfluss innerhalb einer zunehmend multipolaren Welt selbstbewusst und kreativ gestalten möchten. Inwiefern die UNASUR den hohen Erwartungen gerecht werden und welche Erfolge sie bereits verbuchen kann, welchen Herausforderungen sie sich gegenüber sieht und welche Perspektiven sich für die Zukunft aufzeigen, soll Fragestellung dieser Arbeit sein.

Zunächst möchte ich die geschichtliche Entwicklung der UNASUR und ihrer Wegbereiter nachvollziehen. Nachfolgend sollen die grundlegenden Aussagen des Verfassungsvertrages umrissen und die inhärenten Zielstellungen des Staatenbündes aufgezeigt werden. Anschließend setze ich mich mit den konkreten Handlungsfeldern und Wirkungsinstanzen der UNASUR auseinander. Abschließend soll das Konfliktpotenzial innerhalb des Staatenbündnisses nachgezeichnet und über Perspektiven zukünftiger Entwicklung nachgedacht werden.

Trotz des relativ jungen Bestehens der UNASUR existieren bereits einige wissenschaftliche Analysen des vielversprechenden Staatenbündnisses. Ich beziehe mich in meiner Arbeit vorrangig auf deutschsprachige Open-Access-Publikationen des Institutes für Lateinamerika-Studien des German Institute of Global and Area Studies Hamburg, aber auch auf einige lateinamerikanische Publikationen und aktuelle Pressemitteilungen internationaler Medien.

II Entwicklungsetappen

Der Konstituierung des politischen Großprojekts UNASUR als offizielle, internationale juristische Person durch die endgültige Ratifizierung des Gründungsvertrages am 11. März 2011 in der ecuadorianischen Hauptstadt Quito gingen zahlreiche, weit zurückreichende Integrationsentwicklungen im lateinamerikanischen Raum voraus. Schon in den 60er Jahren wurden mit der *Asociacíon Latinoamericana de Libre Comercio*, dem *Mercado Centroamericano*, der *Caribbean Free Trade Association* und dem *Pacto Andino* - dem Vorläufer der aktuellen *Comunidad Andina de Naciones* (CAN) - Organisationen geschaffen, welche vor allem eine Steigerung der wirtschaftlichen Leistungsfähigkeit durch erleichterte Handelsbedingungen zum Ziel hatten (vgl. Álvarez 2009: 4).

II.1 MERCOSUR und CAN

Die 1991 respektive 1993 ins Leben gerufenen regionalen Integrationsbündnisse MERCOSUR und CAN waren vom wirtschaftspolitischen Paradigmenwechsel im Sinne des neoliberalen Ansatzes des *Washington Consensus* geprägt und „dokumentiert[en] [die] Abkehr von der bis dato propagierten binnenmarktorientierten Entwicklungsstrategie" (Bechle 2011: 3). Mitgliedsstaaten der CAN waren Bolivien, Ecuador, Kolumbien, Peru und Venezuela, welches allerdings 2006 als Reaktion auf bilaterale Freihandelsabkommen Perus und Kolumbiens mit den USA seinen Austritt aus dem Bündnis verlauten ließ (amerika21.de 2011). Nur kurze Zeit später wurde Venezuela als fünftes Vollmitglied neben den beiden regionalen Führungsmächten des Cono Sur, Argentinien und Brasilien, sowie den kleineren Staaten Paraguay und Uruguay, in den MERCOSUR aufgenommen (vgl. Bechle 2011: 5). Beide Bündnisse waren nach dem Konzept des *„offenen" Regionalismus* ausgestaltet, welches eine Öffnung für den globalen Freihandel vorsah und für „den endgültigen Bruch mit dem bislang vorherrschenden etatistisch-protektionistischen Entwicklungsmodell der importsubstituierenden Industrialisierung [stand]" (Bechle 2011: 5). Das ehemalige Primat der Wirtschaft und des gemeinsamen freien Marktes wurde nach substantiellen Krisen des „offenen" Regionalismus zu Beginn des letzten Jahrzehntes – allen voran der Argentinienkrise 2001 infolge einer drastischen, nicht abgesprochenen Abwertung des Reals; durch fehlende institutionelle Instrumentarien und damit einhergehende mangelnde Fähigkeit zur Krisenbewältigung bedingt - allerdings in den letzten Jahren zunehmend hin zur Stärkung von politischen Integrationsprozessen verschoben. Eine faktische Erweiterung des MERCOSUR durch Assoziierungsabkommen mit den Mitgliedsstaaten der CAN und Chiles unterstreicht die Rolle des MERCOSUR als momentan noch zentrales Regionalbündnis Südamerikas. Trotz der mittlerweile fortschreitenden politischen Integrationsprozesse fußt die relative Stabilität des MERCOSUR nach wie vor vor allem auf dessen wirtschaftlichen Fundament und seinen in den Alltag der Mitgliedsländer eingreifenden Regularien (vgl. Bechle 2011: 1). Doch sind diese Aspekte relativ zu sehen, denn Demokratiedefizite auf der einen, wie auch durch interne Konflikte entschleunigte Fortschritte auf dem Weg zu einer gemeinsamen Zollunion mit gemeinsamer Interessenvertretung auf der anderen Seite sind immernoch kennzeichnend für das Regionalbündnis. Vor allem bezüglich der primären Zielstellungen ökonomischer Kooperation kommt Bechle zu folgendem Fazit:

> „Mit Blick auf seine wirtschaftlichen Integrationsziele (Zollunion, Schaffung eines gemeinsamen Marktes) ist der MERCOSUR deutlich hinter den Erwartungen zurückgeblieben. Die Gründe liegen in den enormen Asymetrien zwischen seinen Mitgliedsländern, in der fehlenden makroökonomischen Koordinierung und in den nationalen Alleingängen auf Kosten der Partner."
> (Bechle 2011: 1)

Die Schaffung des regionalen Integrationsprojekts UNASUR (*Unión de Naciones Suramericanas*) ist durch die Erfahrungen und Prozesse der zuvor - und immer noch parallel – bestehenden Regionalbündnisse maßgeblich geprägt und versucht, neue Lösungsansätze für jene Problemstellungen zu entwickeln. Die UNASUR ist dabei mit dem erweiterten MERCOSUR deckungsgleich und schließt desweiteren die historisch stets weniger in regionale Abkommen verflochtenen Staaten Surinam und Guyana mit ein. Insofern unterstreicht das neue Integrationsprojekt zum ersten Mal eine gemeinsame südamerikanische Zusammengehörigkeit.

II.2 Genese und Entwicklung der UNASUR

Álvarez sieht den Grundstein für die Entstehung eines gemeinsamen südamerikanischen Zusammenschlusses in der „Ersten Zusammenkunft südamerikanischer Präsidenten" in Brasília im Jahr 2000. Das folgende Treffen im Jahr 2002 brachte den *Consenso de Guayaquil* bezüglich der Entwicklung von Integration, Sicherheit und Infrastruktur hervor. Álvarez schreibt:

> „Desde esta perspectiva, desarollo e infraestructura debían ser conceptualizadas con una vision estratégica, donde el regionalism abierto debiera ser implementado como resultado de cinco principios básicos: perspective geoeconómica, sostenibilidad social, eficiencia económica, sustentabilidad ambiental y desarollo institucional." (Álvarez 2009: 2)

Im Dezember 2004 wurde in Cusco schließlich die *Comunidad Sudamericana de Naciones* (CSN) ins Leben gerufen. Die Präsidenten der Mitgliedsstaaten einigten sich auf grundlegende Säulen des künftigen Vorgehens (Koordination der Politik, Liberalisierung des Handels), die es erlauben sollten, die Konkretisierung der gemeinsamen politischen Vision voranzutreiben (vgl. Álvarez 2009: 2). Hierbei zeichnete sich der Wunsch nach einer Verschmelzung der CAN mit dem MERCOSUR zu einer großen Freihandelszone ab, welche durch die oben erwähnte Erweiterung des MERCOSUR im Vorfeld dessen schon etwas näher rückte. Folglich wurde 2005 neben weiteren Deklarationen und Willensbekundungen ein konkrete Elemente beinhaltender Handlungsplan entworfen. Im gleichen Jahr fand der erste Gipfel der Staatschefs aller Mitgliedsstaaten statt. Die 2006 auf dem zweiten jener Gipfel verabschiedete *Declaración de Cochabamba* artikulierte neben weiteren, teils aktuell politrelevanten zusätzlichen Übereinkünften die weiter unten in Punkt III dargelegten fundamentalen Zielstellungen der zukünftigen Gemeinschaft (vgl. Álvarez 2009: 3).

In Anbetracht der klaren Tendenz der Wertsteigerung von Öl auf dem globalen Markt fand 2007 auf den Margarita-Inseln der erste Energiegipfel Südamerikas statt. Neben Vereinbarungen bezüglich strategischer Kooperationen auf dem Energiesektor und der Konkretisierung gemeinsamer Bauvorhaben – vor allem dem Projekt einer Öl-Pipeline von Venezuela bis in den Süden Argentiniens, aus welchem Brasilien nach zwei Jahren der Stagnation 2009 aber wieder austrat – wurde der künftige Name des Zusammenschlusse von CSN auf UNASUR geändert und Quito als Sitz des Generalsekretariats bestimmt. Im selben Jahr wurde auf Initiative des venezolanischen Präsidenten Chávez hin desweiteren die *Banco del Sur* gegründet, welche als Alternative zur Interamerikanischen Entwicklungsbank an der Finanzierung einzelner Großprojekte beteiligt werden soll (vgl. Flemes 2009: 5).

Am 23. Mai 2008 wurde in Brasília die gemeinsame Verfassung verabschiedet und von den Präsidenten der Mitgliedsstaaten unterschrieben. Noch im gleichen Jahr stand die UNASUR durch die bolivianische Staatskrise ihrer ersten Bewährungsprobe gegenüber (vgl. Peña 2009: 48). Mit der parlamentarischen Ratifizierung des Verfassungsvertrags durch Uruguay als neuntem Staat, konnte dieser am 11. März 2011 in Kraft treten und den offiziellen Anfangspunkt der Initiative markieren. Als zwölftes und letztes verbliebenes Land bestätigte Paraguay am 11. August 2011 den gemeinsamen Vertrag (vgl. gestion.pe 2011).

III Verfassungsvertrag und Zielstellungen

In der Präambel des Verfassungsvertrags der UNASUR haben die Mitgliedsstaaten deren grundlegende Bestimmung formuliert, mit der Zielstellung

> „[…] de construir una identidad y ciudadanía suramericanas y desarollar un espacio integrado en lo político, económico, social, cultural, ambiental, energético y de infraestructura, para contribuir al fortalecimientio de la unidad de América Latina y el Caribe." (Verfassungsvertrag: 1)

Die regionale Integration wird als notwendige Voraussetzung bezeichnet, um zu nachhaltiger Entwicklung und Wohlstand zu gelangen und die immer noch vorherrschenden Probleme der Armut und sozialen Ungleichheit zu lösen. Artikel 2 unterstreicht den Paradigmenwechsel weg vom "offenen" Regionalismus hin zu einem Konzept, welches dem politischen Dialog Priorität einräumt. Auch wird sich zum Ziel der Stärkung von Demokratie und Menschenrechten bekannt. Manifestiert hat sich dieser Gedanke in der Einführung einer Demokratieklausel Ende 2010, die im Falle eines gewaltsamen Sturzes einer demokratisch gewählten Regierung weitreichende Sanktionen vorsieht. Nolte wertet dies als Reaktion auf die „ambivalente Haltung einiger OAS-Mitglieder (vor allem der USA)" (Nolte 2010: 6) nach dem Putsch gegen den honduranischen Präsidenten Zelaya im Jahr 2009.

Artikel 3 der Verfassung benennt eine Vielzahl konkret formulierter Zielstellungen. So sollen etwa die Rolle und Partizipationsmöglichkeiten der in der UNASUR vereinigten Staaten im Internationalen System gestärkt werden. Wichtiges Augenmerk liegt auch hier in der

> „cooperación económica y comercial para lograr el avance y la consolidación de un proceso innovador, dinámico, transparente, equitativo y equilibrado, que contemple un acceso efectivo, promoviendo el crecimiento y el desarollo económico que supere las asimetrías mediante la complementación de las economías de los países de América del Sur […]" (Verfassungsvertrag: 3)

Die UNASUR strebt desweiteren langfristig die Konsolidierung einer südamerikanischen Identität mit gleichberechtigten südamerikanischen Staatsbürgern und voller Personenfreizügigkeit an. Diesen soll ein universaler Zugang zu Bildung geschaffen werden, dessen Titel im gesamten Regionalraum anerkannt werden. Darüber hinaus sollen jedem Bürger ein soziales Sicherungssystem und eine umfassende Gesundheitsversorgung offen stehen. Schließlich sollen die Asymmetrien zwischen den Mitgliedsstaaten eingeebnet werden.

Während die Bearbeitung jener Zielstellungen noch in weiter Ferne zu liegen und deren Ausgang fraglich scheint, sind andere deutlich gegenwartsbezogener und werden bereits von diversen Projekten begleitet. So sind die Zusammenarbeit im Bereich der Sicherheit und Kriminalitätsbekämpfung und größere Transparenz im Verteidigungssektor ebenso im Verfassungsvertrag postuliert, wie auch die Integration im Finanzsektor, dem Energiesektor und eine Kooperation im Ausbau der intraregionalen Infrastruktur. Besonders hervorgehoben wird der Wille zur Förderung einer starken Partizipation der Bürgerschaft am Integrationsprozess (vgl. Verfassungsvertrag: 4).

Der Verfassungsvertrag legt förderhin fest, welche politischen Organe die regionale Integration vorantreiben und in welcher Form diese arbeiten sollen. Machtpolitisch am höchsten anzusiedeln ist der mit Leitlinienkompetenz ausgestattete Rat der Staatschefs, welcher einmal jährlich oder auf Anfrage eines Mitgliedsstaates zusammentritt. Begleitet wird dieser vom Rat der Außenminister – welcher die Rolle der Rio-Gruppe übernehmen könnte– und vom Rat der Delegierten. Letzterer dient unter anderem als Bindeglied zwischen den einzelnen Arbeitsgruppen und konkreten Projektumsetzungen und dem Rat der Staatschefs (vgl. Verfassungsvertrag: 6). Hinzukommt das Generalsekretariat und die temporäre Präsidentschaft, die jährlich wechselnd von je einem Mitgliedsland ausgeübt wird, aktuell Guyana. Auf Antrag eines Mitgliedsstaates besteht die Möglichkeit, weitere Institutionen mit konkreten Aufgabenfeldern zu schaffen. Prägend für die Arbeit der einzelnen Organe ist das *Konsensprinzip*, welches eine hohe Kompromissbereitschaft der einzelnen Mitglieder erfordert. Demnach kommen die Entscheidungen und Resolutionen der einzelnen Räte nur zu Stande, wenn drei Viertel der Mitgliedsstaaten diesen zustimmen.

Es lassen sich also bereits aus dem Verfassungsstatut eine Vielzahl an Zielsetzungen, teils praxisferner, teils bereits sehr konkret geformter Art herausfiltern. Bechle fasst wie folgt zusammen:

> „Zentrale Kennzeichen sind das Primat der Politik über wirtschaftliche Fragen, die Rückkehr staatszentrierter Entwicklungsstrategien, eine stärker Betonung nicht-kommerzieller Aspekte der Integration, die Heraushebung der sozialen Dimension regionaler Integration und von Entwicklungsunterschieden zwischen den Integrationspartnern, ein stärkeres Augenmerk auf infrastrukturelle Maßnahmen und der Wunsch nach einer stärkeren Legitimierung der Integrationsprozesse." (Bechle 2011: 6)

Spätestens mit den gescheiterten Verhandlungen mit der Europäischen Union 2004 und dem Aus der ALCA als *gesamtamerikanischer Freihandelsinitiative* im Jahr 2005 hat sich gezeigt, dass der Fokus regionaler Integration nicht mehr nur durch den Abschluss von

Freihandelsabkommen geprägt ist (vgl. Bechle 2011: 6). Vielmehr zeigt sich der Wille Südamerikas, durch verstärkte regionale Integration den Einflussbereich der amerikanischen Hegemonialmacht USA auf seine eigenen Belange zu vermindern und selbstbewusst seine Rolle in einer multipolaren Weltordnung zu formen. Zentraler Beweggrund Südamerikas ist es insofern, seine relative Position gegenüber anderen Machtblöcken des Internationalen Systems zu festigen.

IV   Konkrete Wirkungsfelder

Bis zum gegenwärtigen Zeitpunkt hat die UNASUR eine Reihe von Institutionen mit spezifischen Schwerpunktthemen hervorgebracht. Dazu gehören der *Consejo des Desarollo Social*, der *Consejo de Defensa*, der *Consejo de Educacion, Ciencia, Tecnología y Innovación*, der *Consejo de Salud*, der *Consejo de la Lucha contra el Narcotráfico*, der *Consejo Energético*, der *Consejo de la Integración Financiera* sowie die weiter unten gesondert behandelte Iniciativa para la *Integracion de la Infraestructura Regional Suramericana* (IIRSA) (vgl. ppt.unasur.org)

Während einige dieser Gremien bereits konkrete Projekte initiiert haben, verharren andere noch im Anfangsstadium und sind etwa mit der grundsätzlichen Ausrichtung und der Erarbeitung von Aktionsplänen beschäftigt. Der Consejo de Salud in etwa hat bereits im April 2010 ein 75 seitiges Dokument veröffentlicht, in dem nicht nur ein detaillierter Plan für die Zeit zwischen 2010 und 2015 formuliert wird, sondern auch wichtige Sachverhalte wie etwa Finanzierungsfragen behandelt werden (vgl. ppt.unasur.org) Darüber hinaus sind unter dem Deckmantel des Gesundheitsrates bereits erste kooperative Projekte im Gesundheitssektor in Rollen gebracht wurden. Auch der Consejo de la Integración Financiera hat bereits konkrete Ergebnisse hervorgebracht. So wurde sich am 24. August 2011 darauf geeinigt, den intraregionalen Handel zunehmend mithilfe der eigenen Währungen unter Ausschluss des US-Dollars durchzuführen. Auch wurde im Hinblick auf die europäische Währungskrise und die anhaltende Rezession der USA die Entwicklung der Banco del Sur hinsichtlich eines multilateralen Zahlungsverkehrs und die Bildung von Reserven der nationalen Zentralbanken vorangetrieben (vgl. elcomercio.com). Weiterhin sind die Bestrebungen und Kooperationserklärungen des gemeinsamen Consejo de Defensa in ihrer regionalen Bedeutung nicht zu verachten. Dieser wurde auf Vorschlag der regionalen Führungsmächte Brasilien und Venezuela eingerichtet und zielt auf mehr Transparenz der Rüstungsausgaben sowie politische und technologische Kooperation (vgl. nuevamayoria.com).

IV.1 Consejo de Jefes de Estado

Auf politischer Ebene wichtigstes Gremium scheint aber nach wie vor der sich jährlich oder auch in Krisensituationen konstituierende *Consejo de Jefes de Estado* zu bleiben. Ihre erste große Bewährungsprobe hatte die UNASUR im Hinblick auf die bolivianische Staatskrise 2008, in der die Präsidenten der Mitgliedsstaaten unter dem damaligen Vorsitz der chilenischen Staatschefin Bachelet in einem außerordentlich einberufen Gipfel in überraschender Einigkeit Position für den amtierenden Präsidenten Morales bezogen und entscheidend zur Beruhigung des Konflikts beitrugen, unter anderem durch Einberufung einer Untersuchungskommission bezüglich der Vorkommnisse von Pando. Als handlungsfähiges Organ hat sich der Consejo de Jefes de Estado ebenfalls bei der Beilegung des Konfliktes zwischen Ecuador und Kolumbien nach dessen völkerrechtswidriger Militäroperation auf ecuadorianischem Boden gezeigt und vermittelte darüber hinaus erfolgreich zwischen Venezuela und Kolumbien während deren diplomatischen Spannungen im Jahr 2010. Schließlich standen sie dem durch den wahrscheinlichen Putschversuch bedrängten ecuadorianischen Präsidenten Correa zur Seite, als dieser sich Im September 2010 mit einem Aufstand der Polizei konfrontiert sah (vgl. Nolte 2010: 6).

IV.2 Infrastruktur und Energie

Die bisher fruchtbarste Institution der UNASUR ist die *Iniciativa para la Integración de la Infraestructura Regional Suramericana* (IIRSA), welche bereits im Dezember 2000 ins Leben gerufen wurde (vgl. Álvarez 2009: 1). Die IIRSA zielt auf die Vernetzung südamerikanischer Energie-, Transport- und Kommunikationskorridore „und damit die Verbindung der regionalen Wirtschaftszentren" (Flemes 2009: 4) ab, wovon Brasilien als mit Abstand größte Volkswirtschaft am meisten profitiert. Allerdings hat gerade Brasilien in den letzten Jahren vermehrt nationale Alleingänge durchgeführt, so in etwa den Ausstieg aus dem 2005 beschlossenen gemeinsamen Projekt einer Pipeline von Venezuela bis nach Argentinien im Jahr 2009. Nach Einschätzung Flemes' hat sich Brasilien seit der Entdeckung der Erdöl- und Erdgasvorkommen in den eigenen Hoheitsgewässern Energie-Autosuffizienz zum Ziel gesetzt und insofern gesunkenes Interesse an diesem vorrangig die venezolanische Erdölindustrie stützenden Projekt. Stattdessen entwickelt sich ein Konkurrenzkampf der beiden Länder um die Belieferung von regionalen Drittländern, durch den Venezuela viel zu verlieren hätte (vgl. Flemes 2009: 5).

Ungeachtet jener durch nationale Interessen beeinträchtigten Großprojekte kann die IIRSA allerdings schon einige Erfolge verbuchen. So geht aus deren zuletzt im Januar 2011 aktualisierten Arbeitsbericht hervor, dass sich von insgesamt 524 geplanten Bauvorhaben bereits 176 in Ausführung befinden, währenddessen 53, also 10 Prozent, der Projekte schon fertiggestellt sind. Der Bericht listet ein tatsächlich realisiertes Investitionsvolumen von 96 Milliarden US-Dollar auf, welches sich zu 55 Milliarden US-Dollar auf den Ausbau von Transportwegen, zu 41 Milliarden US-Dollar auf Investitionen im Energiesektor und zu einem geringen Anteil von 45 Millionen US-Dollar auf Auf- und Ausbau von Kommunikationsnetzwerken aufteilt (vgl. Resumen de la Cartera IIRSA 2011).

Nach Flemes bieten jene gemeinsamen Projekte im Infrastruktur- und Energiebereich eine große Chance für Fortschritte im Integrationskurs der UNASUR. „Aus neofunktionalistischer Perspektive sind von diesen funktionalen Kooperationsfeldern *spill-over*-Effekte, etwa im regionalen Handelssektor zu erwarten." (Flemes 2009: 4). Obwohl sich viele dieser Infrastrukturmaßnahmen sicher auch mit bilateralen Abkommen verwirklichen ließen, so ist gerade hinsichtlich der multinationalen Projektvorhaben eine koordinierte, auf Kooperation ausgelegte Vorgehensweise dem gesamten Integrationsprozess sehr förderlich.

V Konfliktpotenzial und Perspektiven

Aufgrund des kurzen Bestehens der UNASUR lassen sich nur relativ wenig verlässliche Schlüsse bezüglich des langfristigen Integrationserfolges ziehen. Sinnvoll ist es vielmehr Zukunftsperspektiven und das den Mitgliedsstaaten inhärente Konfliktpotenzial zu beleuchten.

Während die USA bedingt durch die seit der Weltwirtschaftskrise anhaltenden Rezession zunehmend an Einfluss im südamerikanischen Raum verlieren, haben die Staaten Südamerikas nach Ansicht Noltes „die Krise nicht nur gut gemeistert, sondern bereits hinter sich gelassen. Zwar bleiben die USA und Lateinamerika füreinander wichtige Wirtschaftspartner, doch die Zeiten, in denen die lateinamerikanischen Volkswirtschaften sogleich an Grippe erkrankten, wann immer die USA nur einen leichten Husten verspürten, scheinen der Vergangenheit anzugehören" (vgl. Nolte 2010: 2). Ein Einblick in die jährlichen Statistiken der *Comisión Económica para America Latina y el Caribe* (CEPAL) unterstreicht die zunehmend komfortabler werdende Lage, in der sich die Staaten Südamerikas auf dem Weg zu einer unabhängigen, gewichtigen Größe innerhalb einer multipolaren Weltordnung befinden. Treibender Motor dieser Gewichtsverschiebung ist die aufstrebende Großmacht Brasilien, die nicht nur auf wirtschaftlicher, sondern auch auf politischer Ebene zum *Global Player* avanciert (vgl. Nolte 2010: 5). Brasilien trägt mit einem nominalen Bruttoinlandsprodukt von gut 1,5 Billionen US-Dollar im Jahre 2009 über die Hälfte zum gesamten Bruttoinlandsprodukt Südamerikas bei, 1990 lag dies noch bei lediglich einer halben Billion US-Dollar. Die Schätzung für 2010 liegt bereits bei rund 2,1 Billionen US-Dollar. Während diese imposanten Wachstumsraten den regionalen Führungsanspruch Brasiliens unterstreichen, haben auch fast alle anderen südamerikanischen Staaten positive Wirtschaftsdaten zu verbuchen. Lediglich Venezuela befindet sich trotz seiner großen Erdölreserven, wohl durch wirtschaftspolitische Defizite des *„Sozialismus des 21. Jahrhunderts"* bedingt, seit mehreren Jahren in einer anhaltenden Rezession. (CEPAL..). Brasilien konnte nach Einschätzung Sangmeisters hingegen durch eine „boomende Inlandsnachfrage, die von sinkender Arbeitslosigkeit, höheren Reallöhnen und anhaltend hoher Kreditvergabe getragen wird" (Sangmeister 2011: 5) ein stabiles und gesundes Wirtschaftswachstum etablieren.

In der Formulierung und Durchsetzung des gestiegenen Einflusspotenzials kann sich die UNASUR im Hinblick auf die Vertretung der eigenen Interessen möglicherweise als das zentrale Sprachorgan gegenüber externen Akteuren durchsetzen und den südamerikanischen Staaten zu einer stärkeren Position in sicherheitstechnischen und außenhandelsbezogenen Verhandlungen verhelfen. Schon jetzt nimmt die Region ihr Recht auf eine unabhängige Wahl ihrer Handelspartner in zunehmenden Maße wahr, insbesondere die rasant voranschreitenden *Handelsbeziehungen zu China* und den anderen BRICS-Staaten verdeutlich dies (vgl. Nolte 2010: 3). Durch den fortschreitenden Prozess der Institutionalisierung konnte die UNASUR ihr Gewicht im Vergleich zu MERCOSUR und CAN, dem chavistischen ALBA-Bündnis wie auch gegenüber der Organisation Amerikanischer Staaten zunehmend ausbauen. Nolte resümiert:

> „Vor allem die südamerikanischen Regierungen nabeln sich organisatorisch mehr und mehr von den USA ab. Der Prozess der Union Südamerikanischer Nationen (UNASUR) ist 2010 vorangeschritten, bei der Beilegung regionaler Konflikte hat sie in Südamerika weitgehend die Organisation Amerikanischer Staaten (OAS) verdrängt." (nolte 1)

Auch wichtige Unterorganisationen wie der Consejo de Defensa sind mittlerweile international anerkannt und operationsfähig. Allerdings wurde während der Libyenkrise erneut deutlich, dass Südamerika nach wie vor weit davon entfernt ist, sich außenpolitisch auf gemeinsame Positionen verständigen zu können. So wurde auch nach dem Sturz Gaddafis auf dem Gipfel der Außenminister am 25. August 2011 keine Einigung bezüglich der Anerkennung des libyschen Übergangsrates erzielt, da einige Staaten, allen voran Venezuela, in Gaddafi nach wie vor den einzigen legitimen Volksvertreter Libyens sehen (vgl. elcomercio.com).

Hinsichtlich der Implementierung einer demokratischen Legitimierung der handelnden Organe der UNASUR sieht Serbin noch großen Nachholbedarf und kommt zum aussagekräftigen Schluss: „La ciudadanía: son muchos los llamados y pocos los elegidos" (Serbin 2007: 199f). Zwar wird im Vorfeld der Gipfel auf vielfältigen Wegen der Dialog mit sozialen Bewegungen und den entsprechenden Interessengruppen gesucht, doch geht die Zusammensetzung der Räte nicht aus freien, gesamtsüdamerikanischen Wahlen hervor, sondern auf Initiativen der Landesregierungen. Das politisch maßgebende Organ bleibt der Consejo de Jefes de Estado. Man kann also, analog dem oft beklagten Demokratiedefizit der europäischen Union von einem *Exekutiv-Föderalismus* sprechen, der einer legitimierenden Funktion gewählter Parlamente keinen Platz einräumt.

Die *ideologische Konfliktlinie* innerhalb Südamerikas hat sich in den Jahren der Präsidentschaft Hugo Chávez' stark zugespitzt. Das von Chávez propagierte Modell des „Sozialismus des 21. Jahrhunderts" und die nicht zu unterschätzende Integrationskraft des ALBA Bündnisses haben im Verlauf des letzten Jahrzehnts viele Sympathien entwickelt, aber auch entscheidend zu einer ideologischen Spaltung von links- und rechtsregierten bzw. politisch gemäßigten Ländern geführt. Die „ressourcengestützte Scheckbuchdiplomatie" Venezuelas hat neben des argentinischen - hinsichtlich der Abtragung der Schulden Argentiniens beim internationalen Währungsfonds - auch das Interesse von anderen Staaten geweckt (vgl. Flemes 2009: 3). Chávez' wirtschaftspolitisches Fundamentum, seine strategischen Integrationsangebote im ALBA-Bündnis und die Aussage, er wolle Lateinamerika vom „Virus des Neoliberalismus" befreien, lassen sich nur schwer mit den gemeinsam formulierten Zielen eines gemeinsamen freien Marktes kombinieren.

Das im Rahmen des *Plan Colombia* stark mit den USA verbundene Kolumbien hat sich außenpolitisch von anderen Mitgliedsstaaten weitestgehend isoliert, die bis an den Rand der militärischen Auseinandersetzung eskalierten Konflikte mit Ecuador und Venezuela zeugen hiervon. Auch die Beziehungen der Andenstaaten Peru, Bolivien und Chile behindert ein lang zurückreichender Konflikt. Die Gebietsabtretungen Perus und Boliviens an Chile nach Ende des Pazifikkrieges 1884 haben Bolivien den für Außenhandel so wichtigen Zugang zum Meer versperrt und die maritime Grenzziehung zwischen Peru und Chile umstritten gelassen. Flemes schreibt: „Viel wird von der mäßigenden Rolle Brasiliens abhängen, wenn es darum geht, die ideologisch verfeindeten Lager zu versöhnen" (Flemes 2009: 7). Inwiefern sich das Staatenbündnis letztlich ohne bindende supranationale Elemente - in der Verfassung explizit abgelehnt - gegen die im nationalen Eigeninteresse begründeten Alleingänge einzelner Mitgliedsstaaten zur Wehr setzen kann, bleibt abzuwarten. Nach Ansicht Flemes' sind die Mitgliedsstaaten dennoch bemüht „trotz aller Hindernisse und Interessendivergenzen [...] ihre

Integrationsprozesse auf den Boden funktionaler Sektorkooperationen zu stellen" (Flemes 2009: 4). Im Sinne von *spill-over*-Effekten auch auf politischer Ebene könnte der politische Dialog innerhalb der UNASUR längerfristig zu einer Stabilitätskonsolidierung und Deeskalation der auseinandergehenden Interessenlagen beitragen.

Die weitere Ausprägung der UNASUR wird maßgeblich von der zukünftigen Außenpolitik Brasiliens und dessen Willen zur Integration geprägt sein. Obwohl Brasilien als größte Volkswirtschaft der Region vom Infrastrukturausbau und einer engeren Vernetzung der Handelsbeziehungen am meisten profitiert, so ist es dennoch „nur bedingt auf den intraregionalen Handel angewiesen" (Flemes 2009: 2). Im Gegensatz zu seinen Nachbarstaaten kann Brasilien bereits jetzt einen *diversifizierten Außenhandel* mit Industrie-, Schwellen- und Entwicklungsländern vorweisen. Insofern werden nationale Interessen im Zweifelsfall leichter über die das Wohl der Staatengemeinschaft betreffenden zu stellen sein. Nicht zuletzt ist Brasilien das Land, welches die wenigsten MERCOSUR-Resolutionen ratifizierte. Brasilien zieht es „seit Jahren vor, den MERCOSUR in einem Zustand latenter Institutionalisierung zu belassen" (Flemes 2009: 7). Dennoch scheint sich im Hinblick auf eine sich zunehmend vertiefende Institutionalisierung der UNASUR eine Wende in der brasilianischen Außenpolitik vollzogen zu haben. So war es Brasilien, das maßgeblich an der Schaffung eines gemeinsamen Rates für Verteidigung und Sicherheit mitgewirkt hat, und die UNASUR auch zunehmend als Gremium für außenpolitische Verhandlungen etablierte. Im regionalen Kräftemessen mit Mexiko scheint eine starke UNASUR unter Ausschluss des nordamerikanischen Staates darüber hinaus machtpolitisch den lateinamerikanischen Führungsanspruch Brasiliens zu unterstreichen.

Nolte erkennt in der aktuellen politischen Stimmungslage einen neuen *Trend zum Pragmatismus*, der das oben benannte ideologische Konfliktpotenzial zunehmend entschärft (vgl. Nolte 2010: 6). Der erwartete Rechtsruck und „die Formierung eines anti-chávistischen Blocks" (Nolte 2010: 7) ist nach den Wahlsiegen von Piñera in Chile und Santos in Kolumbien ausgeblieben. Im Gegenteil haben sich beide Regierungen um freundschaftlichere Beziehungen mit Venezuela und dessen Partnern bemüht.

> „Nach Jahren der ideologischen Blockbildung und rethorischen Konfrontationen zwischen den politischen Lagern der Region prägen Piñera und Santos damit einen neuen, pragmatischen Umgang unter den südamerikanischen Staaten. Mit ihren an sachlichen Zielen orientierten Außenpolitik setzen die beiden Präsidenten einen Trend zur Entideologisierung lateinamerikanischer Außenpolitik und leisten auf diese Weise einen wichtigen Beitrag zur Entspannung der zwischenstaatlichen Beziehungen in Südamerika." (Nolte 2010: 7)

Auch der der wirtschaftlichen Schwäche Venezuelas geschuldete Einflussrückgang von Hugo Chávez hat insofern Räume für eine pragmatischere Außenpolitik in Südamerika geöffnet, die die Integrationsbestrebungen und Kooperationsprozesse der Mitgliedsstaaten der UNASUR weiteren Auftrieb verleihen kann.

VI Fazit

Die UNASUR hat sich im Hinblick auf ihr zukünftiges Schaffen ehrgeizige Ziele gesetzt. Viele Teilbereiche befinden sich aber noch im Aufbau, wann und ob ihre weitreichenden Zielstellungen umgesetzt werden, bleibt abzuwarten. Nennenswerte Integrationserfolge wurden bisher vor allem im Bereich Infrastruktur- und Energie sowie der Beilegung akuter intraregionaler Krisen unter Wirkung des Consejo de Jefes de Estado erzielt. Auch zeugt die Schaffung eines gemeinsamen Rates für Sicherheit und Verteidigung vom Willen zu kooperativer Zusammenarbeit.

Eine Herausforderung gegenüber den Bürgern eines vereinigten Südamerikas besteht im Demokatiedefizit der neu entstandenen Institutionen. Hier müssen Möglichkeiten der politischen Partizipation geschaffen werden, die den Anspruch einer pluralistischen Gesellschaft auf politische Selbstbestimmung mit einem effizienten und handlungsfähigen politischen System verbinden. Großes Konfliktpotenzial birgt auch das Fehlen verbindlicher supranationaler Elemente, welches es den Mitgliedsstaaten einfacher macht, ihren nationalen Eigeninteressen folgend dem Gesamtwohl entgegenlaufende Entscheidungen zu treffen. Vor diesem Hintergrund bleibt allem voran abzuwarten, inwiefern sich die regionalen Führungsmächte Venezuela und Brasilien in das Integrationsbündnis einbringen. Der begonnene Machtschwund des chávistischen Karibikstaates könnte zu einer Mäßigung der politischen Auseinandersetzungen entlang der ganz Südamerika betreffenden ideologischen Konfliktlinien führen und so zu einem Voranschreiten des angestrebten Integrationsprozesses auf allen Ebenen beitragen. Vieles wird in diesem Zusammenhang von der zukünftigen Außenpolitik Brasiliens abhängen.

Die UNASUR hat trotz der kurzen Dauer ihres Bestehens bereits andere regionale Integrationsprojekte weitestgehend ersetzt und besitzt von allen im Moment bestehenden Bündnisse die vielversprechendsten Perspektiven, das zentrale Organ eines neuen, außenpolitisch selbstbewussten Südamerikas zu werden. Die südamerikanischen Staaten haben sich bereits jetzt vom dominierenden Machteinfluss der USA entkoppelt und befinden sich in der Lage, ihre gestiegene weltpolitische Relevanz innerhalb eines multipolaren internationalen Systems zu Geltung zu bringen. Inwiefern die UNASUR zu den weitreichenden Zielstellungen hinsichtlich einer umfassenden Anhebung des allgemeinen Lebensstandards der Bevölkerung seiner Mitgliedsstaaten beitragen kann, steht offen und wird die zukünftige Entwicklung zeigen.

VII Literaturverzeichnis

1. *Álvarez, Rodrigo*: UNASUR: desde la perspectiva subregional a la regional. In: Serie Documentos Electrónicos N° 6, Programa Seguridad y Ciudadanía, Flacso Chile, 2009.

2. *Bechle, Karsten*: Kein Auslaufmodell: 20 Jahre Mercosur. In: GIGA Focus Lateinamerika 03/11, 2011.

3. *Flemes, Daniel*: Konkurrierender Regionalismus: Fünf Jahre UNASUR und ALBA. In: GIGA Focus Lateinamerika 12/09, 2009.

4. *Nolte, Detlef (u.a.)*: Selbstbewusst in die Zukunft: Lateinamerikas neue Unabhängigkeit. In: GIGA Focus Lateinamerika 12/10, 2010.

5. *Peña, Felix*: La integración del espacio sudamericano – ¿La Unasur y el Mercosur pueden complementarse? In: Nueva Sociedad Nr. 219, 2009.

6. *Sangmeister, Hartmut*: Der Wirtschaftsraum Lateinamerika: Positive Aussichten für 2011. In: GIGA Focus Lateinamerika 01/11. 2011.

7. *Serbin, Andrés*: Entre UNASUR y ALBA: ¿otra integración (ciudadana) es posible? In: Anuario de CRIES, 2007

8. *amerika21.de*: In: http://amerika21.de/meldung/2011/04/28587/venezuela-andengemeinschaft. 22.04.2011. Zugriff 01.09.2011.

9. *elcomercio.com*: In: http://www.elcomercio.com/politica/Unasur-unificar-postura-frente-Libia_0_541745995.html. 25.08.2011. Zugriff 03.09.2011.

10. *gestion.pe*: In: http://gestion.pe/noticia/1009936/camara-diputados-aprueba-ingreso-paraguay-unasur, 11.08.2011. Zugriff 25.08.2011.

11. *nuevamayoria.com*: In:

http://www.nuevamayoria.com/index.php?option=com_content&task=view&id=1242
&Itemid=38. 23.02.09. Zugriff 26.08.2011.

12. *pptunasur.org*: Offizielle Website der UNASUR. Letzter Zugriff 03.09.2011.

13. *Resumen de la cartera de IIRSA 2011*: In:

http://www.iirsa.org/BancoMedios/Documentos%20PDF/bdp_resumen_cartera_0111.
pdf 2011. Zugriff 24.08.2011.

14. *Verfassungsvertrag der UNASUR*: In: http://www.pptunasur.com/downloads/tratado-
constitutivo-UNASUR.pdf. 2008. Zugriff 24.08.2011.